L b 15. ^{40}

MOTIFS
DES COMMISSAIRES,

Pour adopter le Plan de Municipalité, qu'ils ont présenté à l'Assemblée générale des Représentans de la Commune :

Lus à l'Assemblée-Générale,

par J.-P. BRISSOT DE WARVILLE,

Représentant de la Commune;

SUIVIS DU PROJET DU PLAN
DE MUNICIPALITÉ.

A PARIS,

Chez LOTTIN de S.-Germain, Imprimeur Ordinaire de la VILLE, rue S.-André-des-Arcs, N° 27.

Août, 1789.

ASSEMBLÉE DES REPRÉSENTANS
DE LA COMMUNE DE PARIS.

Extrait du Procès-Verbal des Représentans de la Commune de Paris.

Du Jeudi 20 Août 1789.

L'ASSEMBLÉE ayant entendu le Discours qui contient & explique les motifs des Commissaires-Rédacteurs du Projet du Plan de Municipalité, & qui doit servir de Discours préliminaire à ce Projet, considérant qu'il est utile de faire connoître les raisons qui ont guidé les Commissaires, & que chacun se pénétre du même esprit; a arrêté que ce Discours sera imprimé en tête du Projet du Plan de la Municipalité, au nombre de deux mille exemplaires, lesquels seront distribués aux Représentans de la Commune, aux Districts, & à tous ceux à qui l'Assemblée jugera convenable d'en donner, & permet à l'Imprimeur de le rendre public, en se chargeant des frais de l'Impression.

VAUVILLIERS,
BLONDEL, } Présidens.
PICARD,

DE JOLY, Secrétaire.

MOTIFS
DES COMMISSAIRES

Pour adopter le Plan de Municipalité, qu'ils ont présenté à l'Assemblée des Représentans de la Commune : Lus à l'Assemblée-Générale, par J.-P. BRISSOT DE WARVILLE, Représentant de la Commune.

Le 20 Août 1789.

MESSIEURS,

Vous avez entendu la lecture du Plan de Municipalité que nous avons cru devoir adopter ; avant que de passer à sa discussion, permettez nous de vous développer les principes qui nous ont guidés. Cette exposition préviendra d'une part beaucoup d'objections, & de l'autre fera plus particulièrement connoître l'esprit du système ou de l'enchaînement des parties de ce Plan.

Une Municipalité est l'Administration de ce qui est *commun* aux Habitans d'une même Cité. Quels sont ces objets communs ? Par qui & comment

A

doivent-ils être adminiſtrés ? Tels ont été les trois points qui ont fixé notre attention.

Il feroit inutile de faire l'énumération des objets de la Municipalité ; ils vous font affez connus ; il fuffit de rappeller les principaux , tels que les approviſionnemens de la Ville , & les Subſiſtances, la Police , les Travaux Publics , les Hôpitaux , les Etabliſſemens publics , le Domaine de la Ville, la répartition & la perception des impôts , la comptabilité , enfin la Garde Bourgeoiſe. Nous y avons compris tout ce qui étoit ci-devant attribué à l'Hôtel-de-Ville , au Lieutenant général de Police, au Miniſtre de Paris, aux autres Magiſtrats ou Commiſſaires du Roi.

Des réflexions fur chacun de ces Articles feroient également inutiles ; il n'eſt perſonne qui puiſſe conteſter leur dépendance naturelle du régime Municipale , perſonne qui ne ſente la néceſſité d'aſſujettir à la ſeule autorité municipale tout ce qui en avoit été uſurpé fous le nom du Roi , pour former des Commiſſions.

Ainſi nous y avons revendiqué , le droit de répartir & de percevoir les impôts, de quelque nature qu'ils foient, d'y percevoir même les entrées. C'eſt un droit & municipal & provincial; l'Aſſemblée Nationale a bien ſeule le droit d'établir l'impôt , mais le foin de le répartir, mais la forme de la perception doivent-être abandonnés aux Provinces & aux Cités, parce qu'elles feules font à portée de connoître les localités, les circonftances qui doivent déterminer la répartition.

Ainfi nous avons compris dans le régime Municipal la furveillance de la Caiffe d'Efcompte. Cet établiffement qui renferme la fortune d'un grand nombre de Citoyens, devenu la bâfe de la circulation de Paris & de prefque toute la France, eft trop intimement lié à l'exiftence de la Capitale, pour ne pas être foumis à l'infpection de la Municipalité; infpection feule capable de lui affurer la confiance publique, de le concentrer dans fon objet originaire, de porter fur fes opérations cette lumière fi néceffaire à tous les établiffemens de confiance.

En revendiquant ce qui avoit été ufurpé fur la Municipalité, nous avons apporté une attention fcrupuleufe pour en diftraire tout ce qui lui étoit étranger ; tel par exemple, le payement des rentes & leur police. C'eft une fonction du Tréfor-Royal, qui n'avoit été attribuée à l'Hôtel-de-Ville de Paris que par un calcul de la politique emprunteufe des anciens Miniftres. Aujourd'hui que les défordres de la Finance vont difparoître, que la dette eft foumife à l'Affemblée Nationale, que le paîment en fera furveillé par elle, c'eft au Tréfor-royal qu'il faut renvoyer le paîment des rentes.

Pénétré de ce principe, qu'il falloit abandonner ce qui étoit étranger ou injufte, nous avons cru, en rappellant les attributions de cette Ville, qu'elle devoit, à leur égard, fe foumettre à tout ce que l'Affemblée-Nationale décidera.

Paris, le centre & la Métropole du Royaume, le féjour des Rois, & qui le deviendra fans doute de l'Affemblée-Nationale ; Paris, l'afyle des Arts, des Sciences, & des plaifirs, confervera encore long-temps une population nombreufe ; elle aura donc long-temps des befoins immenfes, & par conféquent, ne produifant rien, & n'étant que confommatrice, elle fera long-tems tributaire de toutes les Provinces chargées de l'approvifionner. Cet approvifionnement, fi varié, fi important, ne doit plus être maintenant qu'une œuvre de fraternité, que le produit de l'intérêt réciproque des Provinces & de la Capitale ; car fi la Capitale a des befoins de confommation, les Provinces ont befoin de débouchés, & ces befoins réciproques, feront le lien le plus fort & le plus durable.

A chacun son droit. Telle doit être la base de toute association entre Provinces, comme entre particuliers. C'est par respect pour ce principe, qu'en restituant à la Municipalité la Police qui en est la première dépendance, nous lui avons ôté ce pouvoir sans bornes qu'elle exerçoit ci-devant dans Paris. Electif, sans pouvoir être perpétué dans les mêmes mains, surveillé par un Corps nombreux, subordonné à un Tribunal, soumis au plus redoutable de tous les Tribunaux, à l'opinion publique, divisé entre les différens Districts, séparé de tout ce qui lui étoit étranger, devenu lui-même étranger à la Cour, à l'Administration-générale du Royaume, ce Ministère ne sera plus qu'un Ministère de paix, de sûreté, d'arbitrage, d'équité, assujetti à des régles inviolables, & à des limites qu'il sera toujours dangereux de franchir.

La Police devroit être l'unique Tribunal civil, au moins dans une société d'hommes propriétaires, habitués, de bonne heure, à raisonner & à respecter les droits d'autrui. Nous ne sommes pas encore dans cet heureux ordre de choses ; nos maladies politiques exigent des Tribunaux civils & criminels. Au premier coup d'œil, il semble que la formation de ces Tribunaux appartienne à la Commune ; car enfin c'est un établissement dont l'avanage doit être *commun* à tous les Habitans de la Cité. Mais réfléchissant qu'il importe à tout le Royaume que la manière de rendre la Justice soit uniforme, instruits que l'Assemblée-Nationale s'occupe de cet objet important, nous l'avons mis à l'écart ; il sera temps de s'en occuper quand son plan de la réforme des Tribunaux sera présenté à la Nation. Nous devons nous borner à préparer cette régénération de la Justice par des établissemens qui en faciliteront l'exécution. Telle est la division de cette Ville en Districts ; elle favorisera singuliérement le choix des grands & petits Jurés ; ou plutôt, pour nous servir d'une dénomination plus juste, des Jurés préparatoires & définitifs.

Poser les bornes de la Municipalité étoit une opération difficile ; mais il étoit plus difficile encore de déterminer par qui elle devoit être administrée. Jusqu'à présent on avoit cru que peu d'hommes, ou des Corps peu nombreux, administroient mieux, qu'en multipliant les rouages on embarrassoit le mouvement ; qu'en les enveloppant du mystère, on éloignoit les critiques, les divisions, les embarras. On ne voyoit pas que cette facilité de mouvement, cette célérité d'exécution ne s'obtenoient qu'en brisant, qu'en déchirant tout ; on voyoit des résultats rapides, on ne voyoit pas les injustices individuelles,
nombreuses,

nombreufes, clandeftines qu'ils caufoient, & qu'on étouffoit avec foin. Adminiftrer *vîte* n'eft pas adminiftrer *bien* ; & c'eft cette dernière forte d'adminiftration que nous cherchons. Or , on ne peut adminiftrer bien, qu'en choififfant les hommes les plus capables, qu'en s'entourant de lumières, qu'en forçant les paffions de s'écarter, & les intérêts particuliers de céder à l'intérêt général. Les Elections libres & générales conduifent sûrement au bon choix ; les difcuffions libres & générales amènent sûrement les lumières ; la refponfabilité des hommes en place écarte l'influence des paffions ; les changemens fréquens de ces hommes & leur retour à l'état fimple de Citoyens, les forcent à chérir par-deffus tout l'intérêt du Peuple ; car leur fort eft conftamment dans les mains du Peuple.

C'eft d'après ces principes que nous avons fixé la manière d'élire les Repréfentans de la Commune, leur nombre, celui des Membres du Confeil adminiftrant, & le tems de leur exercice.

Tout pouvoir dérive du Peuple, tout pouvoir doit être délégué, confié par lui ; c'eft donc à la Commune qu'appartient de nommer tous les Membres de fon adminiftration ; tous doivent avoir part à l'élection, puifque tous font foumis aux Réglemens. Nous avons mis cependant plufieurs conditions au

B

droit d'élire ; la principale est le paîment d'un subside direct & personnel ; car c'est la preuve du titre de Citoyen & le garant de son intérêt constant à une bonne administration. Une autre condition est l'enregistrement du Citoyen dans un District. Le Peuple n'aura désormais d'existence que par les Districts ; c'est l'unique moyen d'éviter ces Assemblées tumultueuses sur les places, où il n'y a ni volonté libre, ni résolution sage. C'est dans ces Districts que doivent être choisis, au scrutin, les Membres qui doivent composer l'Administration Municipale.

Un Corps seul chargé de régler, de surveiller l'Administration, & d'administrer, deviendroit infailliblement, quelque nombreux qu'il fût, l'asyle de l'Aristocratie. Sans surveillant extérieur, il seroit sans frein ; chaque Membre pourroit se livrer à ses caprices, en flattant ceux de ses Collègues. Sans surveillant, les véxations feroient impunies.

Le renouvellement même de ce Corps unique ne feroit pas un moyen de le purifier ; car les nouveaux arrivans deviendroient bientôt, par intérêt, les complices des anciens, ou bien, par impuissance, ils resteroient dans le silence. Il a donc fallu créer deux Corps, diviser l'Administration entr'eux.

Cette Administration a trois branches bien distinctes ; régler ce qui se fera, faire & surveiller ce qui a été fait. Au premier corps on attribue le pouvoir de régler & de furveiller, à l'autre celui d'agir.

Nous avons appellé le premier, l'*Affemblée générale des Repréfentans de la Commune*. Ces Repréfentans doivent être nombreux, parce que la Ville eft immenfe, parce qu'elle eft plus une Province qu'une Cité, parce que les affaires y étant multipliées à l'infini, les rapports des Citoyens y font incalculables ; or les Réglemens doivent embraffer tous ces rapports ; la furveillance doit s'exercer fur tous. Ces Repréfentans doivent être nombreux, parce que peu fe laiffent aifément corrompre, parce que cette répréfentation fera la feconde école où fe formeront les Adminiftrateurs actifs, éclairés, & que, pour en avoir quelques-uns de cette forte, il faut que beaucoup foient appellés. Ils doivent être nombreux, parce qu'ils ne feront pas falariés ; & ils ne feront pas falariés, parce que, ne devant fiéger que deux mois de l'année, & ne quittant pas la Ville, ils ne feront pas forcés à des facrifices de tems, ni à des dépenfes confidérables. D'après ces réflexions, nous avons fixé l'Affemblée générale des Repréfentans à trois-cents hommes ; ce qui donne cinq Membres par Diftrict. Si vous fuppofez treize mille perfonnes par Diftrict ou fept cent-vingt mille perfonnes dans Paris, c'eft un Repréfentant par deux mille six-cents; c'est-à-dire qu'un homme seul est chargé de veiller aux intérêts communs de deux mille six-cents personnes; cette représentation ne paroîtra pas sans doute excessive.

Relativement à la manière de faire sortir les Représentans du Peuple, si nous avions voulu prendre la méthode usitée en Angleterre & en Amérique, nous aurions adopté le renouvellement *simultané* de tous les Membres; mais, en nous reportant au principe de ce changement simultané, nous avons vu qu'il étoit inapplicable ici. On peut en effet, sans aucun inconvénient, changer tout-à-la-fois les Membres de la Chambre des Communes en Angleterre, ou de la Chambre des Représentans du Congrès d'Amérique, parce que les objets que ces Chambres discutent, n'exigent presque tous que ces connoissances générales qui sont aisément acquises au dehors, & avant d'entrer dans ces Chambres. Mais les connoissances nécessaires pour prononcer des Réglemens municipaux, ou pour surveiller l'Administration, sont presque toutes locales, & demandent une étude & une pratique particuliere & longue. Si donc on renouvelloit, tout-à-la-fois, chaque année, ou tous les deux ans, tous les Représentans de la Commune de Paris, il en pourroit résulter que l'Assemblée de leurs Successeurs seroit peut-être entièrement composée d'hommes incapables de pouvoir prononcer sur une administration, dont les objets leur seroient inconnus, d'hommes par conséquent très-propres, ou à être trompés, ou à tomber dans des fautes grossières : le renouvellement partiel des Représentans prévient ce double inconvénient.

L'administration d'une Municipalité aussi compliquée, aussi étendue que celle de Paris, exige les plus grands talens; on a donc du circonscrire le choix des Membres du Conseil dans l'Assemblée générale des trois-cents. On doit supposer en effet que cette assemblée en renfermera, sur-tout pour l'avenir, le plus grand nombre; car le peuple se plaira sans doute à récompenser, en les réélisant, ses Représentans, ou les Membres du Conseil qui auront bien mérité de lui. D'ailleurs étendre les choix au dehors, ce seroit les exposer à une divergence trop grande, qui, dirigée par des intérêts particuliers, ameneroit sans doute beaucoup d'hommes médiocres.

Le choix des hommes à talens, n'est pas toujours bien fait, par la multitude, sur-tout par celle qui recouvre à peine sa liberté ; elle ne les connoît pas. Déléguer à l'Assemblée des trois-cent, le choix des soixante Membres du Conseil, est donc encore un parti raisonnable; elle connoîtra mieux les hommes à talens, & par la suite, lorsque des rapports perpétuels auront mis en communication l'Assemblée-générale, & le Conseil & tous les Représentans entr'eux, cette Assemblée sera bien plus à portée, que les Districts, de juger les hommes, qui, dans son sein, auront plus d'expérience, plus de lumières & plus de vertus. L'intérêt personnel de cette Assemblée la forcera généralement à faire de bons choix; car la majorité ne voudra pas se déshonorer aux yeux de la Capitale, par des choix indignes. Aucun intérêt ne pourroît l'y porter, puisqu'aucune place ne sera assez lucrative, pour exciter l'homme avide à en acheter aucune, & par conséquent à faire les dépenses nécessaires pour corrompre une majorité. Un intérêt contraire détournera même cette Assemblée de mauvais choix. Ses Représentans en effet exposés à la censure du peuple, pourroient, rentrés dans son sein, éprouver son ressentiment, & n'être plus réélus.

Le Conseil devant être composé des hommes les plus éclairés & les plus expérimentés, & les hommes étant inégalement répartis dans les Districts, il nous a paru très-impolitique de circonscrire à chaque District un nombre égal de Membres du Conseil, le choix en sera libre parmi tous les Représentans du District, en sorte qu'un District pourroit avoir tous fes Membres dans le Conseil, tandis que quatre autres n'en auroient aucun.

Cette différence pour le Conseil ne viole point l'égalité de repréfentation, puifque les derniers ont toujours cinq repréfentants, que le premier n'en a pareillement que cinq.

D'ailleurs, quand on réfléchira fur la nature du Conseil des foixante, on verra que le fyftême, non feulement d'égalité de repréfentation, mais même de repréfentation du peuple, doit ceffer dans ce Conseil; car ce Conseil eft à l'Affemblée de la Commune, ce que le Conseil du Roi eft à l'Affemblée Nationale, & jamais la Nation n'a pu exiger d'être repréfentée dans ce Conseil.

Enfin ce fera un grand avantage pour les Districts de ne pas exiger une repréfentation égale dans le Conseil des foixante, parce que cette régle mettra à portée d'employer tous les talens fans diftinction de Districts, parce qu'elle forcera les Districts, s'ils veulent avoir des Membres au Conseil, à choisir des hommes habiles.

La ftabilité néceffaire dans la partie active de l'adminiftration, l'impoffibilité de pouvoir en acquérir les connoiffances pratiques fans un long exercice, force à conferver plus long-temps dans le Conseil ceux qui y feront appellés. Voilà pourquoi dans la fixation du terme de cet exercice, on n'a aucun égard au tems que le Repréfentant à déjà paſſé dans l'Aſſemblée générale. Ainſi un repréſentant qui auroit aſſiſté pendant trois ans dans l'Aſſemblée, en pourra paſſer cinq autres dans le Conſeil parmi les Aſſeſſeurs ; dans cette claſſe il apprendra l'art d'être utile, ſans pouvoir être dangereux.

Mais la crainte de voir dégénérer ce Conſeil en une ariſtocratie, engage à fixer un terme plus court à l'exercice des Préſidens de Département. Ils doivent être abſolus, puiſqu'ils ſont reſponſables. Ils peuvent acquérir une influence énorme ; leur donner une longue carrière à parcourir, ou leur faire entrevoir la perſpective de la continuation dans leur emploi, c'eſt ouvrir la porte à l'ambition, qui regarde toujours comme un droit la faveur de la continuation, qui en impoſe inſenſiblement la loi, ou en fait une habitude au Peuple.

On ne court point ce riſque, & on ne ſe prive point du ſecours d'un Magiſtrat expérimenté, quand, pour récompenſe de ſes ſervices, on lui laiſſe l'eſpoir d'obtenir un autre emploi. Cette vue lui donne des forces, excite ſon zèle ; en paſſant dans ce nouvel emploi, il rompt le cours de ſes habitudes, de ſes rapports, il perd ſon influence & ſes créatures, & par conſéquent, il ne peut être dangereux.

Mais

Mais il eſt des places, qui, exigeant un concours de talens & de connoiſſances plus longues & plus difficiles à acquérir, ne pourroient changer ſouvent de mains, ſans en rendre la geſtion extrêmement variable & défectueuſe. Telles ſont celles de Préſident du département de la Police & de Procureur général ; il a fallu peſer, pour ces deux places, le double inconvénient d'y introduire l'Ariſtocratie par la continuité, ou d'en déranger la marche par des changemens trop fréquens. Comme la ſûreté de Paris dépend de l'une, comme l'inſtruction de l'Aſſemblée-Générale & du Conſeil, dépend de l'autre, on a cru devoir rompre la régle pour ces deux places & donner à leurs chefs un terme plus long & la faculté de la continuation. Par-là on a rempli un autre but, c'eſt de laiſſer dans le Conſeil des hommes inſtruits, lors du renouvellement ſimultané des autres Préſidens.

On ſe recriera ſans doute ſur la diſpoſition qui donne aux Membres du Conſeil, la voix délibérative dans l'Aſſemblée-Générale. En regardant ce Corps comme le pouvoir exécutif de la Municipalité, on ſera porté à croire qu'il eſt dangereux de le mêler avec le pouvoir réglementaire ou légiſlatif. Mais rappellons-nous ce qui a été dit plus haut, c'eſt qu'une Municipalité n'eſt point une Aſſemblée

C

Nationale, c'est que l'Assemblée-Générale des Repréfentans de la Commune délibérant toujours fur des Réglemens locaux, fur des geftions particulières, a befoin, pour les connoître, des lumières de ceux qui en ont la pratique; obfervons qu'admettre dans dans fon fein le Confeil, & fur-tout les trente-neuf Affeffeurs, c'eft y admettre trente-neuf perfonnes intéreffées à difcuter l'exercice de l'Adminiftration & affez éclairées par la pratique pour en dévoiler les abus. Obfervons que les y admettre avec l'humiliante reftriction de la voix confultative, c'eft les en éloigner. Obfervons que ce mélange des deux Corps préviendra les jaloufies & la difcorde, qui, s'ils étoient féparés, ne manqueroient pas de naître, & d'embarraffer l'Adminiftration. Obfervons que, s'il y avoit quelqu'influence dangereufe à craindre, ce feroit celle des vingt-un Officiers; mais que ce nombre n'étant que le quinziéme de l'Affemblée totale, ne peut avoir une grande influence, & qu'enfin les Préfidens & les Echevins auront des intérêts trop fouvent féparés pour fe concerter.

Il faut dans un bon Gouvernement un centre où tous les pouvoirs aboutiffent & fe réfolvent en unité; & voilà pourquoi on a créé un Bureau de Ville, un Maire & un Commandant. Ce Bureau eft le dernier échelon du fyftême de l'Admiftration. C'eft une espéce de conseil pour le Maire; soumis à une rénovation fréquente, il n'offre rien de redoutable.

Il en est de même pour le Maire. On doit abréger le temps de l'exercice des places, en raison de ce que la continuité est plus dangereuse, & de ce que la pratique en est moins difficile à acquérir; tel est le double motif qui nous a déterminé à fixer un terme de deux années pour la place de Maire.

Celle de Commandant Général a bien une influence aussi redoutable ; mais les connoissances qu'elle suppose en sont plus rares & plus longues à obtenir, & il a fallu encore une fois sacrifier la crainte de l'aristocratie à la crainte du désordre dans le régime Militaire.

Ces calculs seroient loin de nous, Messieurs, si les deux patriotes qui président aujourd'hui à ces Départemens, devoient avoir dans leurs successeurs autant de fidèles imitateurs. Mais l'expérience nous défend de croire à l'hérédité des vertus dans les places.

Ces deux Magistratures civile & Militaire étant les plus importantes, & pouvant devenir les plus dangereuses dans des mains perverses, il étoit nécessaire que leur choix fut confié au peuple seul; mais le peuple, comme on l'a déjà dit, ne connoit pas toujours les hommes les plus capables de remplir les places. Il falloit donc prendre un moyen, qui, en lui réfervant la nomination, l'empêchât de s'égarer dans fon choix, & ce moyen eft l'indication ou la préfentation des trois fujets qui lui fera faite par l'Affemblée des Repréfentans.

Régle générale dans les élections importantes à faire par le Peuple : *Peu doivent indiquer, beaucoup doivent choifir.*

Mais il peut auffi fe glifler de la faveur, de la partialité dans l'indication ; alors le Peuple fera-t-il obligé de choifir ? Ce feroit le forcer à un choix fouvent involontaire, & conféquemment le priver de fon droit, en le refpectant en apparence. Pour remédier à cet inconvénient, qui, dans beaucoup de Républiques, a fini par concentrer le pouvoir dans quelques familles, il faut laiffer aux Diftricts la faculté de déclarer s'ils font fatisfaits de la préfentation. Il faut, fi la majorité ne l'eft pas, leur laiffer la faculté de procéder par de nouveaux Députés, conjointement avec les anciens, à une nouvelle préfentation. Alors la liberté du choix n'eft plus violée ; le Peuple élit parmi ceux même qu'il a médiatement choifis. Laiffer à l'Affemblée générale feule la faculté d'une feconde préfentation, ce ne feroit éloigner ni les foupçons du Peuple, ni la tirannie des Elections ; car le parti dominant arrangeroit toujours sa marche, de manière à forcer la volonté du Peuple.

Comme le peuple n'a pas un égal intérêt aux élections des 19 autres Officiers du Conseil; comme ces élections d'ailleurs emporteroient beaucoup de son tems, & qu'il faut économiser le tems du Peuple; on a réservé le choix de ces Membres à l'Assemblée générale, qui sera d'ailleurs plus à portée de connoître les Citoyens dignes de ces places.

On doit se convaincre par cette esquisse du Plan, que le respect pour les droits du Peuple n'a jamais été perdu de vue. Il élit d'abord tous ses représentans; il élit les deux Chefs de l'administration Civile & Militaire; il conserve toujours son pouvoir sur tous les Officiers, puisqu'à des époques régulières, tous rentrent dans la classe des simples Citoyens, & ne peuvent être élevés de nouveau à aucune place, s'ils n'ont été agréables au Peuple.

Mais c'est sur-tout par la création des soixante Comités de District qu'on préservera les droits du Peuple, qu'on empêchera l'aristocratie de l'en dépouiller, qu'on créera nécessairement une foule d'hommes habiles qui se formeront dans ce noviciat à la grande Administration.

La division en Districts nous a sauvés le 13 Juillet, elle nous sauvera encore un jour de toutes les manœuvres de l'ariſtocratie, car les meilleures Loix, ne l'empêcheront pas de ſe gliſſer parmi nous; l'ariſtocratie eſt l'ivraie de la liberté.

Dans une Cité nombreuſe, il faut diviſer, ſubdiviſer l'Adminiſtration, & la ſurveillance de l'Adminiſtration, puis ramener à un centre & ces actions & ces lumières. De cette manière, l'action diviſée en tant de branches, ne peut être funeſte, puiſqu'il eſt impoſſible, dans une conſpiration contre le Peuple, de commander, à la fois, tant de ramifications éparſes. De cette manière, les lumières de la ſurveillance réunies en un ſeul point, éclairent l'ariſtocratie d'un éclat trop grand, pour ne pas la dévoiler. Suppoſez les ſoixante Comités de Diſtrict en activité, ſans ceſſe renouvellés, ayant une influence immédiate ſur leurs Soldats & leurs Officiers-Citoyens, dans une communication conſtante d'un côté avec la Municipalité, de l'autre avec les Citoyens, peut-on craindre alors que le Peuple perde jamais ſubitement ſa liberté? A la première allarme tous les Diſtricts prévenus, ne ſe réuniroient-ils pas pour s'oppoſer à la conſpiration & l'étouffer?

C'eſt préciſément cette force des Diſtricts qui allarme aujourd'hui les perſonnes timides; elles s'effraient de ces Aſſemblées fréquentes & nombreuſes. L'on ne voit pas que le Peuple, ſous le régime de la Liberté, acquerra bientôt un caractère différent, qu'il deviendra de plus en plus grave & paisible ; & l'on doit en augurer ainsi, quand on obferve que tant d'Affemblées de Diftricts, qui ont eu lieu depuis la révolution, n'ont pas occafionné les tumultes qu'on devoit en craindre, d'après les anciens préjugés. On ne voit pas qu'un Peuple induftrieux ou adonné au luxe, eft néceffairement occupé ; qu'un Peuple occupé ne peut que rarement fréquenter les Affemblées.

Tout eft combiné dans l'arrangement des Diftricts, de manière à concilier le refpect pour les droits du Peuple, avec le maintien de la paix. Le Peuple en effet conferve le droit de s'affembler ; il l'a furtout pour les Elections, objet qui lui appartient fpécialement ; il l'a pour des objets de délibération générale. A la vérité les Affemblées ne feront pas fi fréquentes. Mais n'eft-ce pas l'intérêt du Peuple qui lui commande d'en diminuer le nombre ? Car, encore une fois, les Affemblées occafionnent une perte de tems confidérable. Les circonftances paffées & actuelles ont forcé & forcent le Peuple à fe réunir fouvent. Il falloit qu'il exécutât, qu'il fut inftruit, qu'il fut confulté. Mais la paix renaiffant, les objets de délibération générale vont diminuer & fe concentrer ; la fréquence des Affemblées deviendra donc moins nécessaire ; la Police & l'Administration des Districts se feront plus aisément, plus rapidement, à moins de frais, par des Comités peu nombreux, mais révocables. Les Membres de ces Comités étant élus par le Peuple, changés tous les ans, seront toujours sous son influence ; tous les Citoyens arriveront successivement dans ces Comités, en raison de leur capacité. Le Peuple n'a donc rien à craindre de ces Comités contre sa Liberté ou ses Droits.

Par ce système de rapports entre le Peuple & les Comités de Districts, entre ces Comités & l'Assemblée-Générale, les droits du Peuple seront maintenus ; d'où résulte cette grande vérité, que, pour conserver son autorité, le Peuple doit respecter celle qu'il délégue à ses Représentans.

La nécessité d'économiser le tems des Citoyens, en nous faisant adopter le parti de restreindre les Assemblées, nous a fait de même préférer une méthode d'élection qui conciliât la briéveté avec la bonté des opérations. Les scrutins individuels, dont la majorité absolue est une condition essentielle, sont sans doute les meilleurs chez un Peuple aisé dans ses moyens, éclairé, qui jouit de la Liberté de la Presse, & qui peut lire ; mais cette sorte de scrutin n'est pas praticable pour des Elections nombreuses, faites par un Peuple nombreux. Le scrutin de de liste est plus expéditif ; mais pratiqué par des Electeurs étrangers les uns aux autres, il a le désavantage d'entraîner souvent la préférence, à une très-petite pluralité, en faveur d'hommes sans talens & sans connoissances. Cependant il est une manière d'en corriger les défauts ; on peut le purger de tous ces noms peu dignes, en le répétant deux ou trois fois, & en prenant à chaque fois un certain nombre, toujours décroissant, de noms qui ont eu le plus de suffrages ; on parvient, en concentrant de plus en plus le choix, à ne conserver que les noms qui sont vraiment respectables, parce que la partialité déconcertée par les précédentes exclusions, est forcée elle-même de choisir les plus dignes d'entre les Candidats.

Nous ne nous étendrons pas davantage sur les motifs qui ont dirigé la combinaison des diverses parties de ce Plan ; vos lumières vous les feront appercevoir. Elles vous feront sans doute aussi appercevoir une foule de défauts : mais étoit-il possible de les éviter, en construisant, dans un si court espace de tems, & au milieu de la confusion qui nous environne, un édifice aussi immense, & sur des principes aussi nouveaux, aussi étrangers à notre situation précédente ? Malgré tous vos soins, des imperfections terniront peut-être encore ce Plan; le vouloir parfait, seroit une opiniâtreté funeste. Il nous faut une Constitution ; fut elle imparfaite, elle seroit toujours préférable à l'Anarchie. Eh ! quels risques court-on, lorsqu'on se réserve la faculté de la réformer à une époque déterminée ? Nous l'avons fixée à vingt ans, parce qu'il faut laisser le calme s'établir, l'expérience nous instruire ; parce qu'il faut se défier de notre mobilité, & qu'enfin une réforme de Constitution est une crise, & qu'il faut rendre les crises très-rares.

Hatez-vous donc de discuter ce Plan ; réunissez toutes vos lumières, pour en corriger les défauts ; que la candeur, que la bonne-foi, que l'impartialité régnent dans les discussions, & ces défauts disparoîtront promptement. Un autre esprit pourroit-il nous animer ? Nous sommes tous frères, tous patriotes, tous empressés de mettre fin aux désordres qui nous environnent, & de prévenir à jamais le retour du Despotisme. Ah ! que Paris jouisse enfin d'une Municipalité libre, & mille avantages en résulteront: sa Milice assujettie à un pouvoir fixe & permanent, assurera la tranquillité publique, toujours chancelante sous un régime provisoire ; le calme renaissant dans le sein de cette Ville, y rapelera les arts, l'industrie fugitive, & tant de consommateurs que la crainte a forcés de chercher un asyle dans des contrées étrangères. Sous une Municipalité fixe, l'harmonie régnera nécessairement entre ses Districts & l'Assemblée Générale. La ligne de démarcation qui sépare tous les pouvoirs étant bien déterminée, nul n'osera franchir les limites; ou sera sûrement réprimé. On ne verra plus dans ces Districts que soixante ramifications aboutissant à un centre commun, en recevant l'impulsion unique & y obéissant. Une Municipalité fixe, assurera la perception des impôts, & c'est assurer plus de soixante millions, dans un moment, où nous sommes si cruellement dénués de moyens. Ce grand exemple donné aux autres Villes du Royaume, sera, sans doute, imité avec empressement. Par-tout la perception de l'impôt se rétablira par le secours de ces Municipalités ; alors plus de craintes de banqueroutes, de supression de paiement, de licenciement de l'Armée, & de tous les désordres que le Discrédit & l'Anarchie entraînent après eux. Enfin, à l'abri de ces Municipalités, l'Assemblée-Nationale pourra, sans de nouvelles allarmes, continuer les travaux qui doivent précéder le Plan de la Constitution Nationale ; l'établissement de ces Municipalités même en accélérera l'adoption, en facilitant partout les Assemblées de ce Peuple, dont la Sanction est une condition essentielle de toute Constitution libre.

NOTE IMPORTANTE.

*L*E *projet du Plan devoit être précédé d'une Déclaration des droits des Municipalités. Le tems n'a pas permis de l'achever. Un des articles essentiels de ce préambule est que le Plan* doit être sanctionné par le Pouvoir législatif.

PROJET

PROJET
DU PLAN
DE MUNICIPALITÉ
DE LA VILLE DE PARIS,

Présenté à l'Assemblée générale des Représentans de la Commune, par ses Commissaires, le 12 Août 1789.

TITRE PREMIER.

Objets de la Municipalité; son Territoire, & Division du Territoire en Districts.

ARTICLE PREMIER.

Tous les Offices, Charges & Places Civils ou Militaires, attachés à l'Hôtel-de-Ville de Paris, y

A

compris le Gouvernement, feront & demeureront supprimés ; fauf le remboursement, par qui, & ainfi qu'il appartiendra.

II.

La Municipalité ci-après établie, aura tous les pouvoirs d'Adminiftration & de Jurifdiction ci-devant attribués à l'Hôtel-de-Ville, tant dans Paris qu'au dehors ; fauf les limitations indiquées par l'article X, du Titre 8.

III.

Elle embraffera, dans Paris, toutes les parties de la Police, tant celles qui étoient précédemment exercées par le Lieutenant-Général de Police, que celles attribuées à d'autres Magiftrats, Officiers ou Commiffaire du Roi, telles que la Voierie, le fervice des Poftes (pour en affûrer l'exactitude & le fecret,) la furveillance de tous les établiffemens publics, les fubfiftances & approvifionnemens de toute efpéce, & généralement tous les objets fur lefquels repofent la fûreté, la liberté & la tranquillité des Citoyens.

IV.

Elle fera, dans Paris, l'affiette, la répartition & la perception de toutes Impofitions perfonnelles

& réelles, même la recette des Droits d'entrée, & connoîtra de toutes les contestations relatives aux objets ci-dessus, qui seront plus particulièrement détaillés & classés dans le Titre des *Départemens*.

V.

La Municipalité aura l'entière direction des Gardes-Nationales-Parisiennes.

VI.

La Municipalité de Paris n'aura, quant à-présent, d'autre territoire, que la Ville & ses Fauxbourgs, sauf à y comprendre, par la suite, la Banlieue, si cette réunion est jugée nécessaire ou convenable.

VII.

La Ville & les Fauxbourgs de Paris seront divisés en soixante Districts.

La circonscription actuelle de ces Districts sera provisoirement observée, jusqu'à ce que l'Assemblée des Représentans, ci-après établie, en ait fait une division plus égale & mieux proportionnée à leur population. L'Assemblée sera tenue de faire cette nouvelle division d'ici à cinq ans, d'après le dénombrement des Habitans, dont les listes seront mises annuellement sous ses yeux.

Cette division, une fois fixée, sera revue tous les

A ij

vingt ans ; & même plus souvent, s'il est nécessaire, pour être rectifiée, en raison des inégalités, que les circonstances auroient apportées dans la population comparée des Districts.

VIII.

Si la Banlieue de Paris est comprise, par la suite, dans le Territoire de la Municipalité, elle sera de même, suivant sa population, partagée en Districts, qui auront les mêmes droits & fonctions que ceux de l'intérieur.

TITRE II.

Organisation générale de la Municipalité.

ARTICLE Ier.

LE pouvoir de régler & de surveiller l'Administration de la Ville de Paris, appartiendra à une Assemblée de Représentans, élus librement, pour un tems fixe, par les Citoyens assemblés en Districts; elle sera composée de trois-cents Membres, & appellée *Assemblée-Générale des Représentans de la Commune de Paris.*

II.

L'administration journalière des objets attribués

à la Municipalité, la Jurifdiction qui y eft attachée, & le foin d'exécuter les décifions, réfolutions & Réglemens faits par l'Affemblée générale, feront confiés à foixante Membres, élus à tems par elle, & pris dans le fein de cette Affemblée, où ils auront féance & voix délibérative.

Ces foixante Membres, qui feront répartis en divers départemens, formeront le *Confeil de Ville*.

I I I.

Le foin d'établir l'harmonie fi néceffaire entre ces départemens, & de donner des décifions provifoires dans les circonftances urgentes, appartiendra à un *Bureau de Ville*, qui fera compofé des principaux Officiers du Confeil de Ville.

I V.

La Capitale étant divifée en foixante diftricts, il fe tiendra dans chacun d'eux des affemblées de Citoyens, foit pour les élections qui leur font réfervées par la préfente conftitution, foit pour délibérer fur les objets qui leur feront propofés par l'Affemblée générale des Repréfentans. Tous Citoyens François ou naturalifés, domiciliés dans Paris depuis an & jour, demeurans dans le Diftrict, âgés de vingt-cinq ans accomplis, & payant un fubfide direct & personnel, auront droit de séance & de suffrage dans ces assemblées de District.

V

Il sera établi dans chaque District un Comité, composé de différens Officiers, lequel exécutera & fera exécuter, dans l'étendue du District, les ordres qui lui seront adressés par les divers départemens & Officiers du Conseil de Ville.

TITRE III.

De l'Assemblée-Générale des Représentans de la Commune.

Article Ier.

L'ASSEMBLÉE générale des Représentans de la Commune de Paris sera composée de trois-cents Membres, y compris les soixante formant le Conseil de Ville.

II.

L'élection des trois-cents Membres sera faite par l'assemblée générale de chaque District, à raison de cinq par District, dans la forme prescrite par l'art. 8 du tit. 17 des élections, & par le Réglement particulier ci-après.

I I I.

Il fortira chaque année de l'Affemblée-Générale un des cinq Membres appartenans à chaque Diftrict, de telle manière que cette Affemblée foit entièrement renouvellée en cinq ans, au moins quant aux Repréfentans qui ne feront point du Confeil de Ville.

I V.

Les cinq Repréfentans nommés à la première élection, fortiront dans l'ordre inverfe de leur nomination; celui qui aura eu le moins de voix devant fortir le premier. Cette régle aura lieu pour toutes les élections de plufieurs Membres, faites par le même fcrutin. Quant aux élections individuelles, le plus ancien élu fortira le premier.

Le Membre qui fortira fera remplacé par fon Diftrict, & ne pourra être réélu qu'un an révolu après fa fortie.

V.

Si le Repréfentant dont le tour de fortie fera arrivé, étoit alors dans le Confeil de Ville, il reftera pour finir fon exercice dans ledit Confeil; &, dans ce cas, fon Diftrict ne le remplacera qu'à l'expiration de fes fonctions; mais fi fes fonctions cessoient avant le terme de sa représentation dans l'Assemblée Générale, il y rentreroit pour le finir.

VI.

S'il arrive qu'un Représentant change de domicile & de District, pendant qu'il sera en place, il continuera d'appartenir au District qui l'aura nommé, jusqu'à ce qu'il soit sorti de ses fonctions; son terme étant expiré, il sera incorporé au District où sera son nouveau domicile.

VII.

Chaque représentant appartenant à toute la Commune, aucun ne pourra être révoqué par les Assemblées de Districts, à moins qu'il ne tombe dans les cas prévus par l'article II du Titre des Elections.

VIII.

L'Assemblée générale des Représentans, jugera seule, à son ouverture, les discussions relatives aux pouvoirs & aux élections de District.

IX.

Ses Séances auront lieu deux fois l'année; elles commenceront les premiers de Juin & de Décembre, & continueront pendant le cours desdits mois, sans pouvoir être prolongées au-delà; à l'exception
de

de celles de la première Assemblée générale, qui, pour terminer plus promptement les travaux dont elle va être chargée, pourra siéger chaque semestre pendant six semaines.

X.

L'Assemblée générale sera présidée par le Maire; elle se nommera deux Vice-Présidens & deux Secrétaires, qui tiendront Regiftre de toutes les délibérations.

XI.

Elle examinera le compte qui lui sera rendu par les Officiers, composant le Conseil & le Bureau de Ville, de leur gestion pendant le semestre précédent; elle procédera aux Elections que la présente Constitution lui attribue, & fera tous les Réglemens nécessaires au maintien de la présente Constitution.

XII.

Cette Assemblée aura pareillement le droit de faire & de sanctionner, d'après les principes établis par la présente Constitution, les changemens qui seront jugés convenables dans la répartition des fonctions du Conseil de Ville.

XIII.

L'Assemblée générale délibérera sur les objets qui lui seront présentés, tant par le Conseil de

Ville, que par chacun des Officiers qui le composent ; & sur les Motions proposées par chacun des Représentans, pour éviter la confusion dans les discussions, il sera fait, à chaque session, un ordre de travail par l'Assemblée générale.

XIV.

Elle sera particulièrement chargée de régler les honoraires, émolumens & dépenses de toutes les Places quelconques, dépendantes de la Municipalité; elle fera la plus grande attention, à ce que les travaux de ceux qui seront appellés à ces places soient récompensés d'une manière honorable, sans pouvoir jamais devenir un fardeau pour la Commune.

Ce Réglement, néanmoins, ne sera définitivement exécuté, qu'après avoir reçu la sanction de la pluralité des Districts.

XV.

Nulle décision de l'Assemblée générale ne sera valable, si lorsqu'elle a été prise, l'Assemblée n'étoit composée de quatre-vingt Membres.

XVI.

La première Assemblée des Représentans de la Commune, s'occupera de faire un Réglement général de Police pour ses délibérations & pour son intérieur.

TITRE IV.
Du Conseil de Ville.

Article Premier.

LE Conseil de Ville sera composé du Maire, du Commandant général, de huit Echevins, du Procureur général de la Commune, de deux Substituts du Procureur général, de huit Présidens de Départemens, & de trente-neuf Conseillers de Ville Assesseurs, formant le nombre de 60.

II.

Ils seront tous élus au Scrutin par l'Assemblée générale, & pris dans son sein, à l'exception du Commandant général, ainsi qu'il sera expliqué ci-après.

III.

Tous les Membres du Conseil en sortiront, comme il est dit à l'Article qui concerne chacun d'eux, au titre des Départemens; ils seront immédiatement remplacés par l'Assemblée générale.

IV.

Si le temps de la représentation du Membre du Conseil se trouve expiré à sa sortie du Conseil, il rentrera dans la classe des Citoyens, & il pourra être immédiatement réélu pour la place de Représentant.

V.

En cas de démission ou de mort, de l'un ou de plusieurs Membres du Conseil de Ville, pendant la durée de leur exercice, ou en cas de faillite, d'absence totale de Paris, ou d'autres événemens, qui les empêcheroient d'exercer leurs fonctions, il sera pourvu à leur remplacement dans la session suivante de l'Assemblée générale des Représentans, &, à cette même époque, chaque District fera le remplacement de ceux de ses cinq Représentans dans ladite Assemblée générale, dont il se trouvera privé par les mêmes accidens, indépendamment de ceux qu'il devra remplacer annuellement par la sortie graduelle de ses Représentans.

VI.

On remplacera immédiatement néanmoins, dans les cas ci-dessus énoncés, le Maire; le Commandant général, le Procureur général, les Présidens de Départemens : en conséquence le Maire, ou, à son défaut, le premier Echevin, convoquera une Assemblée extraordinaire des Représentans de la

Commune, pour procéder seulement à l'élection de l'Officier qui devra remplacer, & ce, huit jours après la mort, la démission, ou tel autre événement qui aura fait vaquer la place.

VII.

Chacun des Officiers & Conseillers de Ville assesseurs, aura Séance & voix délibérative dans l'Assemblée-Générale des Représentans de la Commune, excepté lors de l'examen de sa gestion.

VIII.

Aucun des Membres du Conseil de Ville, ne pourra être, en même-temps, Député à l'Assemblée Nationale. Si aucun d'eux, étoit élu, il seroit tenu d'opter.

TITRE V.

Du Bureau de Ville.

ARTICLE PREMIER.

LE Bureau de Ville sera composé de vingt-un Officiers du Conseil de Ville, désignés dans l'article Premier du titre précédent.

II.

Il s'assemblera régulièrement une fois tous les

quinze jours, & plus souvent, s'il est nécessaire, sur la convocation du Maire; ou, à son défaut, du premier Echevin.

III.

Ce Bureau délibérera sur les moyens d'établir l'harmonie entre les opérations respectives des départemens; il pourvoira, dans les cas urgens, par des décisions promptes, au maintien de l'ordre; il procédera aux présentations qui lui sont réservées par la présente constitution, & préparera les matières qui doivent être portées par le Conseil de Ville à l'Assemblé générale.

IV.

Le Bureau de Ville nommera à toutes les places, dépendantes des divers départemens, sur la présentation du Président du département, dont la place dépendra. Cette présentation sera préalablement approuvée par le Maire.

V.

L'Assemblée du Bureau sera complette, quand il sera composé de neuf Membres.

VI.

Le plus jeune des Membres de Bureau tiendra le registre à chacune de ses Séances.

TITRE VI.

Du Maire.

Article Premier.

LE Maire fera le Chef de la Municipalité, Préfident né du Tribunal contentieux, de tous les Départemens, & de toutes les Affemblées. Il aura en fa garde les Sceaux de la Ville, & les fera appofer à tous les actes où ils feront néceffaires, & la première place dans les cérémonies publiques lui appartiendra.

II.

Le Maire fera élu pour deux années; il pourra être continué pour le même temps, fans pouvoir, dans aucun cas, être réélu qu'après un intervalle de quatre années.

III.

L'Election du Maire fera faite par la généralité des Citoyens affemblés en Diftricts, fur une préfentation de trois Membres du Confeil de Ville, qui fera faite, au fcrutin, trois jours à l'avance par l'Affemblée-générale des Repréfentans de la Commune.

IV.

Cette présentation faite, sera affichée dans tous les Districts, avec les ordres de l'Assemblée générale pour leur convocation, à jour & heure fixes.

V.

A l'ouverture de l'Assemblée du District, il sera nommé par scrutin de liste cinq personnes, pour porter à l'Assemblée des Représentans, le vœu du District, & procéder, en cas d'insuffisance, avec elle, à l'élection indiquée par l'article 9 ci-après.

VI.

Le Président fera ensuite le rapport de la présentation à l'Assemblée du District, & demandera qu'on aille aux suffrages, par oui ou par non, pour décider si cette présentation est suffisante.

Le résultat de la pluralité sera ensuite déclaré à l'Assemblée; Procès-verbal en sera dressé sur le champ par le Président & le Secrétaire, & l'expédition sera incontinent portée par cinq Membres du District, à l'Assemblée générale des Représentans, où il en sera fait comparaison avec le résultat des autres Districts.

VII.

L'Assemblée-Générale se tiendra le même jour

&

& à la même heure, que celle des Districts, pour recevoir leur vœu, en vérifier & déclarer le résultat sur le champ aux Députés de chaque District, qui le porteront incontinent à leurs Assemblées respectives.

VIII.

Si la pluralité des soixante Districts s'est réunie pour déclarer la présentation suffisante, les Districts procéderont immédiatement à élire au scrutin l'un des trois présentés; le scrutin étant vérifié, le résultat sera proclamé, Procès-verbal en sera dressé, & expédition portée, sur-le-champ, par deux Membres du District à l'Assemblée-Générale des Représentans, où il en sera fait comparaison. Le calcul général étant fait en présence de tous les Députés, celui des trois présentés qui aura eu le suffrage d'un plus grand nombre de Districts, sera élu Maire.

Il se retirera pardevant S. M. pour avoir son agrément, prêtera ensuite serment à la Commune, dans la forme prescrite au titre 18, & il en prêtera un autre entre les mains du Roi.

IX.

Dans le cas où la présentation n'auroit pas été jugée suffisante, par la pluralité des Districts, les cinq Députés de chacun d'eux, prendront incontinent féance dans l'Assemblée-Générale, pour procéder, conjointement avec elle, à l'élection de trois nouveaux Sujets, qui feront préfentés, avec les trois premiers, à la nomination des Districts. Les Districts procéderont immédiatement à l'élection de l'un des six.

TITRE VII.

Du Commandant général de la garde Nationale Parisienne.

Article Premier.

LE Commandant général fera le chef des forces militaires, qui feront toujours fubordonnées au pouvoir civil. Il veillera à ce que les Réglemens militaires arrêtés par les Repréfentans de la Commune, foient exécutés ; à ce que les différens corps, dans lefquels la Milice Bourgeoife fera divifée, foient bien tenus, & convenablement exercés. Il fera l'infpection & revue de la Milice Bourgeoife une fois l'année à jour fixé à cet effet par le Bureau de la Ville ; mais il ne pourra commander un fervice extraordinaire, fans en prévenir le Bureau, en la perfonne du Maire, ou du premier Echevin, en fon abfence.

II.

Dans le cas de contravention à la difcipline, il pourra ordonner les arrêts, ou condamner les contrevenans à une prifon de huit jours au plus; & même caffer les Officiers, bas-Officiers & Soldats, qui lui paroîtront avoir mérité ce châtiment, en prenant cependant, quant aux Officiers & bas-Officiers, l'avis du Bureau de la Ville.

III.

Tous les délits contre la difcipline militaire, qui mériteront des peines plus graves, feront réprimés & punis par des confeils de guerre, dans lefquels entrera un nombre égal de membres du Confeil de Ville & de Militaires, en la manière qui fera fixée par l'Affemblée générale des Repréfentans de la Commune.

IV.

Le Commandant général fera élu pour trois ans, dans la même forme que le Maire, par la Généralité des Citoyens de Paris, ayant droit de fuffrages, assemblés par Districts, sur une présentation de trois Sujets.

Il pourra être continué pendant trois autres années, sans pouvoir être réélu qu'après un intervale de six ans.

Il sera éligible dans la totalité des Citoyens enregistrés dans leurs Districts, & distingués par leurs services militaires.

V.

Il prêtera serment à la Commune dans l'Assemblée de ses Représentans, & ensuite entre les mains de Sa Majesté.

TITRE VIII.

Des Départemens.

ARTICLE PREMIER.

Tous les travaux de la Municipalité, dont l'exercice sera confié au Conseil de Ville, seront divisés en huit Départemens & en un Tribunal contentieux.

Ces huit Départemens seront divisés, ainsi qu'il suit :

I I.

Subsistances & Approvisionnement de Paris.

L'inspection des Halles aux grains & légumes, du marché aux volailles, des poissonneries, des boucheries, des tueries, des suifs, de la caisse de Poissy, des bois & des charbons, des Boulangers; la taxe du pain & de la viande; l'inspection & la police sur les Quais, Ports & Rivières, tant à Paris que dans tous les lieux où passent la Seine, la Marne, l'Oise, l'Yonne & autres rivières affluentes dans la Seine, & les canaux de jonction de la Loire & du Loing, & généralement tout ce qui concerne les subsistances & l'approvisionnement de Paris, & qui étoit ci-devant attribué, soit au Prevôt des Marchands & au Bureau de la Ville, soit au Lieutenant-général de Police, soit à des Commissaires du Roi, & enfin l'établissement & la manutention d'un grenier de sûreté, s'il est jugé convenable.

I I I.

La Police.

L'inspection & la police des Spectacles, Wauxhalls, Foires, Marchés, Promenades publiques, Postes aux chevaux, Voitures publiques, Voitures de place, Hôtels garnis, Caffés, Auberges, Incendies, Pompiers, Recrues, Soldats en femeftre, ou paffants, poids & mefures, balayage & arrofement des rues par les Habitans, Librairie, le dénombrement des Habitans de Paris, l'infpection des Regiftres de naiffances, mariages & fépultures, dont une expédition fera dépofée à l'Hôtel-de-Ville, avec des notes propres à donner des connoiffances exactes fur la population de la Ville, les maladies qui y régnent, & le nombre des Etrangers qui y arrivent & qui y féjournent, & généralement l'infpection de tout ce qui concerne la Police, & qui étoit ci-devant attribué foit à des Magiftrats, foit à des Commiffaires du Roi.

I V.
Direction des Etabliffements Publics.

L'infpection & la police des Colléges, & de tout ce qui a rapport à l'Inftitution de la Jeuneffe, de la Bourfe & des Agens-de-Changes & Courtiers; du Mont-de-Piété, des Lotteries, de la Caiffe-d'Efcompte, de l'Ecole gratuite de Deffin, de la Pofte aux lettres, de la Petite-Pofte, afin d'y maintenir l'exactitude & le fecret; des Fabriques & Manufactures, des Corps & Communautés d'Arts & Métiers, & généralement la Direction de tous les Etabliffemens publics.

V.

Travaux Publics.

La Voierie, la Confection, la Réparation & l'entretien du Pavé de Paris, l'enlévement des Boues, l'Illumination, la Confection & Réparation des Fontaines, Aqueducs, Pompes, Ports, Quais, Ponts, Places & Promenades publiques, la direction des Fêtes publiques, l'inspection des Cimetières & des Prisons actuelles, l'établissement dans les divers quartiers de Paris, & l'inspection de Maisons d'arrêts, commodes, décentes & sûres, pour les personnes prévenues de crimes, avant que leur emprisonnement soit légalement ordonné, & généralement tout ce qui a rapport à l'embellissement, à l'alignement, à la salubrité & à la commodité des Citoyens.

V I.

Hôpitaux.

La surveillance & l'inspection des Hôpitaux, & autres Etablissemens du même genre, tant dans Paris qu'au dehors, ci devant soumis à la Police de Paris, l'examen des Comptes des Bureaux de leur administration, l'inspection & la police du Bureau des Nourrices, des Atteliers de Charité, pour procurer du travail aux Nécessiteux, des Bureaux de distribution des Remédes gratuits, la visite des Pharmacies, en ce qui étoit ci-devant attribué aux Magistrats, la suite des Contraventions constatées par les Procès-verbaux des Gens de l'Art, & l'inspection des Etablissemens faits & à faire, pour supprimer la Mendicité, & réprimer les Vagabonds.

VII.
Domaine de la Ville.

L'Administration de tous les biens, droits & revenus qui forment le Domaine de la Ville, le payement des rentes assignées sur ce Domaine, & de toutes les dépenses fixes & annuelles, la distribution des fonds à tous les Départemens, la comptabilité du Trésorier-général de la Ville, la surveillance journalière de sa caisse, & la manutention de tous les bureaux qui en dépendent.

VIII.
Impositions.

L'assiette, la répartition & la perception des subsides & des contributions publiques dans l'intérieur de Paris, de quelque nature qu'elles soient, sur le pied que le tout se perçoit actuellement, en attendant que l'Etat des Finances permette de les diminuer ou changer, d'après ce qui sera statué dans l'Assemblée l'Assemblée-Nationale ; les comptes des Receveurs particuliers de tous ces subsides.

IX.

Gardes-Nationales-Parisiennes.

L'habillement, l'équipement, l'armement, la solde, & le casernement de la Troupe soldée ; les fournitures des Casernes, l'Hôpital Militaire, ou les Etablissements qui en tiendront lieu ; le Bureau des fonds de cette partie, & généralement tous les détails de l'entretien des Militaires.

Le premier Assesseur de ce Département fera les fonctions de Commissaire, &, au moins tous les mois, la revue & l'inspection de chaque Compagnie.

X.

Tribunal.

Le Tribunal Contentieux, connoîtra au Civil, sur la poursuite du Procureur général de la Commune, de toutes les matières, concernant la Police, la Voierie, les périls imminens, les impositions & entrées, l'approvisionnement de Paris, tant dans l'intérieur de la Ville, qu'au dehors, en se soumettant néanmoins aux Réglemens à faire à ce sujet par l'Assemblée-Nationale.

D

TITRE IX.

Des Présidens de Départemens, & des Conseillers de Ville Assesseurs.

Article Premier.

Chaque Département sera composé d'un Président & d'un certain nombre d'Assesseurs, & la répartition des Assesseurs, dans chaque Département, sera fixé par le Bureau de la Ville.

II.

Le Président aura seul, dans son département, la décision & la signature.

III.

Il distribuera les différens Bureaux de son Département à chacun de ses Assesseurs.

IV.

Chaque Assesseur sera Rapporteur auprès du Président des affaires de sa Division ; &, en cas d'absence, empêchement ou maladie du Président, l'Assesseur aura la décision & la signature des affaires de sa Division.

V.

Les Préſidens de chaque Département, ſeront élus au ſcrutin, par l'Aſſemblée générale, & ſeront néceſſairement pris dans le Conſeil de Ville.

V I.

Les Préſidens ſeront en exercice pendant trois ans, ſans pouvoir être continués dans le même emploi.

V I I.

Seront exceptés de la règle, portée dans l'article précédent, le Préſident du Domaine de la Ville, qui pourra être continué pendant trois autres années, & non au-delà; & le Préſident du Département de la Police, qui ſera quatre années en exercice, ainſi qu'il eſt dit dans le Titre ci-après.

V I I I.

Les Conſeillers de Ville Aſſeſſeurs, ſeront cinq ans en place, ſans pouvoir être prorogés, & ſortiront par ancienneté.

I X.

Les Préſidens & les Aſſeſſeurs prêteront ſerment à la Commune, dans l'Aſſemblée des Repréſentans, entre les mains du Maire.

TITRE X.

Du Président du Département de la Police.

Article Premier.

Le Président de la Police restera quatre ans en exercice, & pourra être continué pour une semblable durée, sans pouvoir être ensuite réélu qu'après un intervale de quatre années.

I I.

Il entretiendra une correspondance journalière avec les Comités de chaque District, à l'effet de se procurer une connoissance universelle de ce qui concerne son Département.

I I I.

Les Comités de District seront tenus en conséquence de lui envoyer copie des Procès-Verbaux d'arrestation qui auront été faits dans leur arrondissement, & copie des rapports qui leur seront faits chaque jour concernant la Police.

I. V.

Le Président de la Police sera tenu de visiter la Prison, chaque jour, pour y interroger les Prisonniers qui y auront été renfermés la veille, ou il se fera remplacer, dans cette visite, par un Assesseur de son Département.

V.

Si le Prisonnier est accusé ou suspect d'un délit grave, le Président, ou l'Assesseur qui le remplacera, sera tenu de le renvoyer devant le Juge compétent.

V I.

Si son délit ne concerne que la Police, le Président, ou son Assesseur, pourra le retenir en prison pendant huit jours au plus, ou arbitrer une amende qui n'excédera pas la somme de 100 livres, ou obliger la personne à donner caution de sa bonne conduite pour l'avenir. Il sera libre au Prisonnier de se pourvoir contre la décision du Président ou de l'Assesseur au Tribunal Contentieux, qui jugera en dernier ressort.

V I I.

Si le délit contre la Police paroissoit mériter une peine plus grave que celles exprimées dans l'article précédent, le Président, ou son Assesseur, renverra le Jugement au Tribunal Contentieux, & retiendra provisoirement le délinquant en prison.

TITRE XI.
Du Tribunal Contentieux.

ARTICLE PREMIER.

Le Tribunal Contentieux sera composé du Maire, de huit Echevins, du Procureur-Général de la Commune, de ses deux Substituts, & d'un Greffier pris hors de la Municipalité.

II.

Les huit Echevins seront élus dans la même forme que les Présidens de Départemens.

III.

Ils seront quatre années en exercice, sans pouvoir être continués, & ils sortiront, à raison de deux par année.

IV.

En cas d'absence, maladie ou empêchement du Maire, le plus ancien Echevin, dans l'ordre des nominations, présidera le Tribunal.

V.

Ils prêteront serment à la Commune, dans l'Assemblée des Représentans, entre les mains du Maire.

VI.

Six Membres suffiront pour composer le Tribunal ; & en cas d'absence d'un plus grand nombre, ils seront remplacés par des Conseillers de Ville-Assesseurs ; le Président aura la faculté de départager les voix. Le Tribunal siégera au moins trois fois la semaine, à des jours & heures fixes, & plus souvent, s'il est nécessaire.

VII.

Le Tribunal Contentieux jugera Souverainement toutes les matières de sa compétence, jusqu'à concurrence de 2000 liv., sauf, pour le surplus, l'appel aux Cours Supérieures, telles qu'elles seront établies & réglées par l'Assemblée Nationale : &, dans les matières de Police, il pourra condamner à une année de Prison au plus, & à telle amende qu'il jugera nécessaire.

TITRE XII.
Du Procureur-Général de la Commune & de ses Substituts.

ARTICLE Ier.

LE Procureur-Général de la Commune sera pris dans le Conseil de Ville, & élu au scrutin, de la même manière que les Préfidens de Départemens.

II.

Il fera en exercice pendant quatre années ; il pourra être continué pour pareille durée, fans pouvoir être réélu qu'après quatre autres années.

III.

Le Procureur-Général de la Commune remplira, dans le Tribunal Contentieux toutes les fonctions du Miniftère public; il fera chargé de tous les Réquifitoires, de faire exécuter à fa requête tous les Jugemens, & de veiller à la confervation de tous les droits de la Commune ; il aura entrée, féance & voix délibérative dans l'Affemblée générale & au Bureau de la Ville ; il fera fpécialement chargé de fournir tous les renfeignemens relatifs aux droits & réglemens de la Municipalité ; il recevra tous les ordres pour l'exécution des décrets & réglemens defdites Affemblées.

IV.

Les deux Subftituts du Procureur-Général feront élus & fortiront de même que les Confeillers de Ville-Affeffeurs.

TITRE

TITRE XIII.
Du Greffier en chef, & de ses Commis.
ARTICLE Ier.

IL sera établi, par Commission, pour tenir registre des Jugemens du Tribunal Contentieux, un Greffier en chef, à appointemens, qui sera nommé par l'Assemblée-générale des Représentans de la Commune, sur la présentation du Bureau de la Ville, & qui sera révocable de la même manière.

II.

Il aura sous lui deux Commis-Greffiers, qui seront nommés par le Bureau de la Ville, sur la présentation du Greffier.

TITRE XIV.
Du Trésorier-Général de la Ville.
ARTICLE Ier.

IL sera établi, par Commission, un Trésorier-Général à appointemens, éligible & révocable de la même manière que le Greffier en chef.

II.

L'Assemblée-Générale des Représentans réglera

l'étendue du cautionnement en argent, que devra fournir le Tréforier, ainfi que la forme de fa comptabilité.

III.

A la fin de chaque année, les comptes de la recette & de la dépenfe de la même année, rendus par le Tréforier, & fignés par le Préfident du département de la Comptabilité, feront arrêtés en *bref-état*, par le Bureau de la Ville. Dans l'Affemblée-générale des Repréfentans de la fin de l'année fuivante, les comptes en régle, appuyés de piéces juftificatives & comptables, feront examinés, vérifiés & approuvés par une Commiffion décernée à cet effet par ladite Affemblée, & l'extrait en fera rendu public par la voie de l'impreffion.

TITRE XV.

Du Garde des Archives, du Bibliothécaire, & du Sous-Bibliothécaire.

ARTICLE UNIQUE.

IL ra établi un Garde des Archives par commiffion, qui (de même que le Bibliothécaire & le fous-Bibliothécaire, quand les deux places viendront à vaquer) fera nommé par le Bureau de la Ville.

TITRE XVI.

Des Assemblées de Districts, de leurs Comités & Officiers.

Article Premier.

Les Assemblées des Districts seront convoquées annuellement au jour qui sera fixé, dans le courant de Décembre, par le Bureau de la Ville, pour toutes les Elections ordinaires des Magistrats, & Représentans de la Commune, &, dans tout autre temps, pour les Elections extraordinaires, qui par la présente Constitution, sont réservées aux Citoyens assemblés par Districts.

II.

Les Elections des Officiers de Districts seront faites, dans la même Assemblée, s'il est possible, & toujours dans le courant de Décembre. Dans le cas de mort ou de démission d'un desdits Officiers, le Comité du District convoquera, pour le remplacer, l'Assemblée générale, dans la huitaine, qui suivra la mort ou la démission.

III.

Chaque District enverra, à l'Hôtel de Ville,

expédition du Procès-verbal de toutes fes Elections particulières.

IV.

Les Affemblées feront convoquées par des Placards affichés dans les Diftricts, & par la voie des Papiers publics. L'objet de la convocation y fera indiqué, ainfi que le jour, l'heure & le lieu auxquels l'Affemblée tiendra.

V.

Le Comité de chaque Diftrict fera compofé d'un Préfident, d'un Vice-Préfident, du Commandant de Bataillon du Diftrict, d'un nombre de Membres, tel que le Comité ne puiffe être moindre de feize perfonnes, ni fupérieur à vingt-quatre, & d'un Secrétaire-Greffier, avec appointemens, tous élus par les Citoyens du Diftrict ayant droit de fuffrage.

VI.

Le Préfident du Comité, qui fera toujours Préfident de l'Affemblée générale du Diftrict, fera tiré d'entre les cinq Repréfentans du Diftrict, à l'Affemblée générale des Repréfentans de la Commune, pourvû toutefois qu'il ne foit pas l'un des Membres du Confeil de Ville. Il pourra être annuellement confirmé, auſſi long-temps qu'il reſtera Membre de cette Aſſemblée.

VII.

Le Vice-Préſident ſera élu également pour un an, & pris dans la totalité des Citoyens du Diſtrict.

VIII.

Le Secrétaire, révocable à volonté, ſera continué dans ſa Place auſſi long-temps que ſes ſervices ſeront agréables au Diſtrict.

IX.

Quant aux autres Membres du Comité, la moitié d'entr'eux ſera changée annuellement par ordre d'ancienneté; & nul ne pourra être élu de nouveau, qu'une année après être ſorti de Charge.

X.

Chaque Comité répartira entre ſes Membres les fonctions qui lui ſeront déléguées; & ils s'aſſembleront, au moins une fois tous les quinze jours, pour ſe concerter ſur leurs Opérations.

XI.

Les Comités de Diſtricts ſeront chargés de faire, dans le courant de Janvier de chaque année, le dénombrement général de tous les Habitans de leur Diſtrict, de quelqu'état, qualité & condition qu'ils ſoient, & ils en enverront copie, dans le courant du même mois, au Bureau de la Ville.

XII.

Ils ſeront également chargés de donner leurs avis ſur tous les Mémoires qui leur ſeront renvoyés, ſoit par le Bureau de la Ville, ſoit par les Préſidens des Départemens; & généralement de donner toutes les inſtructions & éclairciſſemens qui leur ſeront demandés.

XIII.

Ils feront exécuter dans leurs Diſtricts les ordres qui leur ſeront envoyés par le Bureau de la Ville & les Préſidens de Départemens.

XIV.

Les Membres de chaque Comité ſeront chargés de la Police de leur Quartier, en ce qui concerne le nétoyement, l'illumination, la fermeture des boutiques, les caffés, Hôtels-garnis, auberges, poids & meſures, incendies, & autres objets de cette nature. Alternativement l'un des Membres du Comité, & délégué par lui, ſera, chaque jour, chargé ſpécialement de la ſurveillance de tous ces objets; il en fera ſon rapport au Secrétariat du Comité, où la minute fera dépofée; & expédition en fera envoyée, tous les matins, au Département de la Police.

XV.

Toute perfonne, arrêtée pour délit contre l'ordre public, fera conduite au Sécrétariat du Diftrict où le délit aura été commis, & le Membre du Comité qui fera de fervice, l'interrogera & le relâchera, s'il n'y a lieu à détention.

XVI.

S'il y a lieu à ordonner la détention du délinquant, il fera conduit en Prifon; &, dans les vingt-quatre heures, l'expédition du Procès-verbal fera envoyée au Département de la Police. Si le délinquant eft domicilié dans un autre Diftrict, il fera envoyé au Secrétariat de ce Diftrict, copie du Procès-verbal.

XVII.

Si 'e délinquant eft vagabond ou fans aveu, il fera emprifonné.

XVIII.

Dans tous les cas, qui ne donneront ouverture qu'à une amende ou indemnité pécuniaire, la perfonne arrêtée fera renvoyée, en payant l'indemnité ou l'amende qui fera arbitrée, ou en fourniffant la caution qui fera déterminée par le Membre du Comité en exercice, & qui ne pourra excéder la somme de 600 liv.

XIX.

Si ce Membre estime que le délit est de nature à exiger une caution plus forte, il fera tenu de renvoyer l'affaire au Département de la Police.

XX.

Les Comités de Districts feront chargés de veiller à l'exécution des Loix faites ou à faire pour les sépultures, inhumations précipitées, ou morts subites & violentes.

TITRE XVII.

Loix génerales sur les Elections.

ARTICLE PREMIER.

Toutes brigues, c'est-à-dire, toutes follicitations, accompagnées de préfens, de promesses, ou de menaces, faites à quelque Electeur, afin de l'engager à donner ou refuser son suffrage, pour quelque Charge ou Office que ce soit, sont expressément défendues.

I I.

Aucun failli ou débiteur infolvable, non plus qu'aucune perfonne, qui, le pouvant, n'auroit pas acquitté fa portion des dettes laiffées par fon père, à fon décès, ne pourra être élu, ou refter Membre de quelqu'Affemblée de la Municipalité que ce puiffe être, ni même d'aucun Comité de Diftrict; il fera exclus de droit, & ne pourra occuper aucune Place Municipale, qu'après avoir pleinement fatisfait fes créanciers, ou payé fa portion des dettes de fon père.

I I I.

Avant toute élection, chaque Citoyen, ayant les qualités requifes par l'article 4 du titre 2, fe préfentera au Secrétariat de fon Diftrict, pour juftifier de fes qualités : il recevra, après fon enregiftrement, une carte imprimée & fignée, portant fon nom, fa qualité, fon âge, fa demeure, & le n° & le folio du regiftre.

I V.

Pour procéder aux élections communes, les foixante Diftricts s'affembleront le même jour & à la même heure; chaque Citoyen préfentera fa carte en entrant; la porte fera fermée une heure

F

après l'ouverture ; on fera l'appel des Electeurs préfens, & la lifte en fera enregiftrée.

V.

Tous billets d'Election, ou de Préfentation, fur lefquels fe trouveroit indiquée quelque perfonne notoirement inéligible avant l'élection, de même que ceux qui contiendront plus ou moins de fuffrages, qu'il n'y a de places à pourvoir, feront nuls de droit.

V I.

Dans les Elections qui feront faites par la généralité des Citoyens de Paris affemblés en Diftricts, la fimple pluralité fuffira.

V I I.

Dans les Elections à faire par l'Affemblée générale des Repréfentans, on procédera par Scrutin individuel, s'il n'y a que deux ou trois fujets à élire; &, dans ce cas, la Majorité abfolue fera requife. Si cette Majorité n'eft pas acquife à l'un des candidats au premier fcrutin, on procédera à un fecond entre les deux qui auront eu le plus de voix.

Mais, s'il y a, dans la même Election, plus de trois fujets à élire, on procédera au Scrutin de Lifte de la manière fuivante :

Après la vérification du premier Scrutin, on prendra un nombre de perfonnes qui auront eu le plus de voix, quadruple des places à remplir ; & l'on procédera à un fecond Scrutin fur ce nombre, dans lequel les votans devront choifir les fujets à élire. Ce Scrutin fait fera clos & cacheté : l'ouverture en fera faite le lendemain. Immédiatement après l'ouverture & la vérification du réfultat, on prendra, parmi ceux qui auront réuni le plus de fuffrages, le nombre double des places à remplir ; & les Electeurs feront tenus de choifir, pour la dernière fois dans ce nombre, les fujets à élire. Ceux qui auront le plus de voix feront déclarés élus.

VIII.

Les mêmes régles feront fuivies dans les élections à faire par les Diftricts ; à l'exception que, dans les Scrutins de Lifte, il n'y aura que deux Scrutins. Dans le premier, on prendra le nombre double des places à remplir parmi les perfonnes qui auront le plus de voix ; & , lors du fecond, les Electeurs feront tenus de choifir, dans ce nombre double. Ceux qui auront réuni le plus de fuffrages feront élus.

IX.

En cas d'égalité de fuffrages entre deux ou plufieurs fujets, la préférence fera décidée, 1° en faveur de celui qui fera ou aura été marié ; 2° en faveur de celui qui aura le plus d'enfants ; 3° en faveur de celui qui fera le plus ancien dans l'Affemblée Générale ou le Confeil de Ville. En cas d'égalité à ces trois égards, elle fera décidée par la primauté d'âge.

TITRE XVIII.
Des Sermens.
ARTICLE Ier.

TOUT Citoyen qui aura été élu à une charge ou place quelconque, par l'Affemblée générale des Repréfentans de la Commune, ou par la généralité des Diftricts, prêtera ferment d'être fidéle à la Nation & au Roi, de défendre de tout fon pouvoir la Conftitution générale du Royaume, & celle de la Municipalité de Paris, & de s'acquitter avec exactitude & ponctualité de toutes les fonctions de fon Office.

II.

Les Officiers, Bas-Officiers & Soldats de la Garde Nationale Parifienne, prêteront le ferment d'être fidéles à la Nation & au Roi ; d'être toujours prêts à prendre les armes pour la défenfe de de Sa Majefté, & de la Ville de Paris, pour la conservation des Citoyens & de leurs propriétés, pour le maintien de la tranquillité, de la liberté & de la sûreté publiques ; ils feront encore serment de défendre de tout leur pouvoir la Constitution générale du Royaume & celle de la Municipalité de Paris, & de s'acquitter avec exactitude & ponctualité de leur service.

III.

Le Maire & le Commandant, en outre du serment qu'ils prêteront au Roi, en feront un en particulier à la Commune, en présence de l'Assemblée Générale des Représentans, savoir le Maire entre les mains du Vice-Président de l'Assemblée, & le Commandant entre les mains du Maire : tout autre Magistrat élu par l'Assemblée Générale des Représentans de la Commune, prêtera son serment entre les mains du Maire, en présence de ladite Assemblée.

IV.

Le serment des Officiers élus par le Bureau de la Ville sera fait entre les mains du Maire, en présence de ce Bureau.

V.

Les sermens Militaires seront prêtés entre les mains du Commandant général, ou, à son défaut, de l'Officier général qui fera ses fonctions.

VI.

Le ferment des Préfidens, vice-Préfidens & Sécrétaires-Greffiers des Diſtricts, feront prêtés entre les mains du Maire ou de l'Echevin, qui le remplacera au Tribunal Contentieux.

TITRE XIX.

La préfente conſtitution ne pourra jamais être ni changée ni modifiée par l'Aſſemblée générale des Repréſentans, ni par aucun autre corps ou individu quelconque. Elle ne pourra l'être que par une Aſſemblée extraordinaire de Repréſentans de la Commune, nommés à cet effet; & cette Aſſemblée ne pourra avoir lieu que dans vingt ans, à moins que la pluralité abſolue des Diſtricts ne le demande plus tôt.

RÉGLEMENT

Sur les premières Eleƈtions à faire, pour Conſtituer la Municipalité.

Les Citoyens de la Ville & Fauxbourgs de Paris, aſſemblés par Diſtricts, conſidérant la néceſſité de pourvoir promptement à la Conſtitution de leur Municipalité, pour le rétabliſſement de la tranquillité & de l'ordre publics, & ayant donné une pleine & entière approbation au Projet qui leur a été propoſé par l'Aſſemblée générale des Repréſentans, qu'ils avoient autoriſés à cet effet, ont arrêté de le mettre incontinent à exécution : en conféquence ils ont fait & approuvé le Réglement ci-après, contenant la manière d'y procéder, chargeant & autoriſant ladite Aſſemblée générale de pourvoir, ſans délai, à ce que ledit Réglement ſoit exécuté dans toutes ſes parties.

Article Premier.

L'Aſſemblée actuelle des Repréſentans de la Commune, fera inceſſamment convoquer une Aſſemblée générale de chaque Diſtrict, à laquelle tous les Citoyens domiciliés depuis an & jour dans

Paris, Habitans du District, âgés de vingt-cinq ans accomplis, & payant un subside direct & personnel, seront invités à se trouver à jour & heure fixes, pour procéder à l'élection de cinq Représentans, par chaque District, à l'Assemblée générale des Représentans de la Commune. Les avertissemens seront donnés trois jours d'avance, par des Placards imprimés & affichés dans chaque District.

II.

M. Bailly & M. le Marquis de la Fayette ayant été élus par tous les Districts, l'un Maire, l'autre Commandant général des Gardes-Nationales-Parisiennes; les Districts, auxquels ils appartiennent, n'auront que quatre Représentans à élire.

III.

Il sera procédé par scrutins de Listes, à l'élection de ces cinq Membres, suivant les formes prescrites par l'article 8, du Titre 17 des élections; &, dans le cas d'égalité de suffrages, la préférence sera décidée, conformément aux régles arrêtées par l'article 9 du même Titre.

IV.

Immédiatement après que les Districts auront fait l'élection de leur cinq Représentans, ils procéderont

deront à l'élection de leurs Officiers ; savoir , par scrutin individuel, pour le Président, le Vice Président , & le Secrétaire-Greffier; & par scrutin de listes pour les autres Membres.

V.

Celui d'entre les cinq Représentans qui aura le plus de suffrages, sera déclaré élu pour cinq ans ; celui qui le suivra, pour quatre ans ; le troisième, pour trois ans ; le quatrième, pour deux ans ; & le cinquième pour un an seulement ; le tout à compter du premier Janvier 1790.

Incontinent après avoir prêté, entre les mains du Président de leur District, le serment porté à l'article 1er du titre 18. ils entreront en exercice.

V I.

Aussi-tôt que l'élection sera faite , & le serment prêté, il en sera dressé un procès-verbal, signé par le Président & le Secrétaire actuellement en exercice , ou qui seront nommés pour cette séance. Ce Procès-verbal contiendra les noms , sur-noms & demeures de chacun des élus, leurs état & qualité , & le tems pour lequel ils devront rester en charge.

G

V I I.

L'expédition de ce procès-verbal sera remise à celui des Elus qui aura eu le plus de voix, pour la porter à l'Assemblée générale ci-après.

V I I I.

Le lendemain de l'Election, les cinq Repréfentans élus dans chaque Diſtrict, se rendront à l'Hôtel-de-Ville ; & là les trois-cents Repréfentans, après vérification faite de leurs nominations reſpectives, procéderont à l'Election au ſcrutin des cinquante-huit membres qui doivent, avec le Maire & le Commandant général actuels, compoſer le Conſeil de Ville.

I X.

Ce ſcrutin ſera fait double par liſtes de dix perſonnes. Au premier, on choiſira les vingt membres qui auront eu le plus de voix ; l'Aſſemblée ſera tenue d'élire parmi ces vingt, & les dix membres qui auront eu le plus de voix, ſeront déclarés élus Conſeillers de Ville.

On procédera de la même manière pour l'Election des quarante-huit autres membres par liſtes de dix. Le dernier ſcrutin ne ſera que de huit personnes, au moyen de l'Election déjà faite du Maire & du Commandant actuels.

X.

Les Conseillers de Ville assesseurs seront placés entr'eux sur un Tableau, suivant leur nomination.

Ce Tableau servira à régler l'ordre dans lequel ils devront sortir, les huit derniers élus devant sortir à la fin de la première année, & ainsi des autres successivement, pendant les quatre années suivantes, à l'exception de la cinquième année où il n'en sortira que sept ou même un moindre nombre.

Et, lorsque ce nombre des membres de la Commune ainsi élus sera épuisé, on suivra la régle prescrite par l'art. 8 du titr. 9.

X I.

L'Assemblée générale procédera ensuite à l'élection successive, & par scrutin individuel, des Echevins, des Présidens de Départemens, du Procureur-Général & de ses Substituts.

Chacun d'eux sera obligé d'avoir une majorité absolue ; à défaut de majorité absolue, au premier scrutin, l'Assemblée fera un nouveau scrutin entre les deux Membres qui auront eu le plus de voix.

XII.

Le Bureau de Ville, étant complet, procédera à l'élection des Membres qu'il devra préfenter à l'Affemblée générale pour les places de Greffier en Chef, de Tréforier & d'Archivifte, qui feront également élus au fcrutin.

Signé, *Timbergue, Sallin, Michel, Perron, Garnier-Defchefnes, Vauvilliers, Girard de Bury, Vautrin, Huguet de Sémonville, Agier, Chupin, Daulgy, Vermeil, le Couteulx de la Norraye, Briffot de Warville.*

Moriffe, Préfident.

Fondeur, Secrétaire.

De l'Imprimerie de LOTTIN *l'aîné*, & LOTTIN *de S. Germain*, Imprimeurs Libraires Ordinaires de la VILLE, rue S.-André-des-Arts (N° .7) Août 1789.

www.ingramcontent.com/pod-product-compliance
Lightning Source LLC
LaVergne TN
LVHW020952090426
835512LV00009B/1845